info@lesmalins.ca

Éditeur: Marc-André Audet
Conception graphique et montage: Energik Communications

Dépôt légal – Bibliothèque et Archives nationales du Québec, 2009
Dépôt légal – Bibliothèque et Archives Canada, 2009

ISBN: 978-2-89657-048-5

Imprimé en Chine

Les éditions Les Malins
Montréal, Québec

Fafounet

La surprise de Nöel

WOW!

Regarde les traces dans la neige!

Suivons-les.

Comme c'est merveilleux!

Père Noël est passé par ici cette nuit!!!!

MAISON DE
FAFOUNET

OH! Il y en a d'autres ici. Continuons à les suivre. Du sommet de la cheminée, regardons à l'intérieur de la maison pour voir ce que fabrique Fafounet en cette magnifique matinée de Noël!

Ah! Le petit coquin! ...
Le voilà camouflé à l'intérieur d'un cadeau!

#1

Le voici maintenant entouré de cadeaux à pois... Fafounet adore les cadeaux de Noël, surtout les tout petits.

Peux-tu trouver les tout petits cadeaux à pois jaunes?

Il les aime aussi de grosseur moyenne
avec des rayures...
Peux-tu identifier ceux avec des rayures
vertes et rouges?

Il les aime très **gros**, voire

IMMENSES!

Sais-tu dans quel cadeau

Fafounet est caché?

Mais celui que Fafounet préfère
par-dessus tout,
c'est le petit cadeau pour sa maman.
Mais… où est-il passé?

#1

AAAAHHH! non!

C'est la **CATASTROPHE!!!!!**

Le cadeau est disparu...

C'est absolument terrible!

Vite! Il faut le retrouver avant que sa maman se réveille, sinon Noël sera tout bousillé!

#1

AAAHHHH! Le voici! Il est ici!
Ouf! Tu nous as fait peur petit cadeau.

#1

Mmmm...

que peut-il bien y avoir à l'intérieur?

Tu veux savoir?

#1

WOW! Des milliers de bisous
pour la maman de Fafounet...
Ça, c’est vraiment génial!

Mais, **CHUT!** C'est une surprise...

#1

Fafounet

De la même collection, découvrez aussi :

Fafounet part en voyage

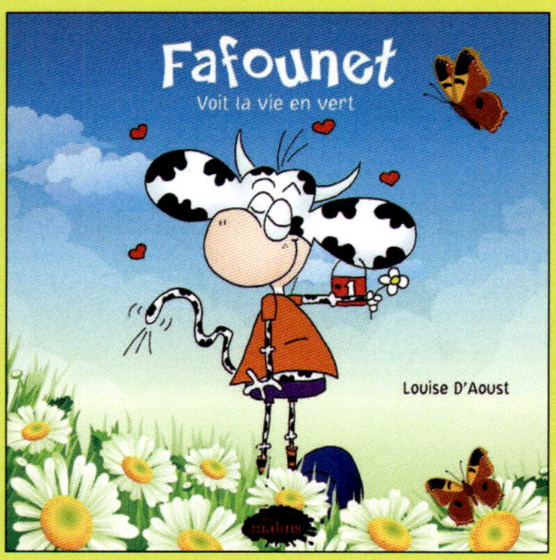

Fafounet Voit la vie en vert

Fafounet Le mystère d'Halloween

Le grand livre de Fafounet

Fafounet une année bien remplie
Cahier d'activités

Fafounet s'amuse
Cahier d'activités